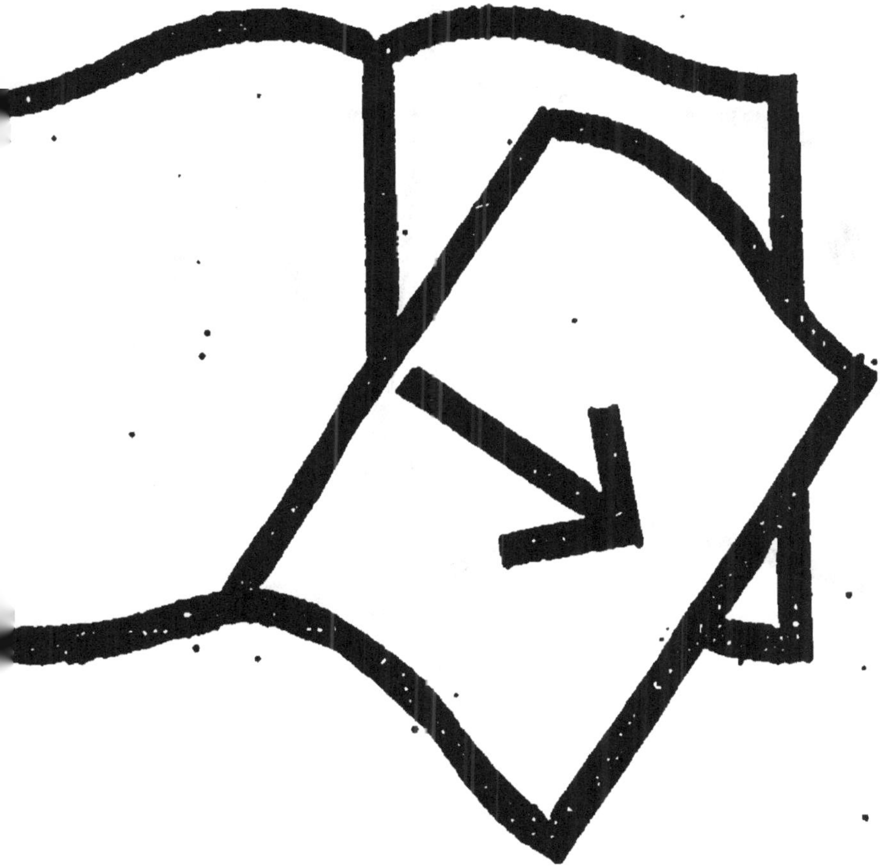

Couverture inférieure manquante

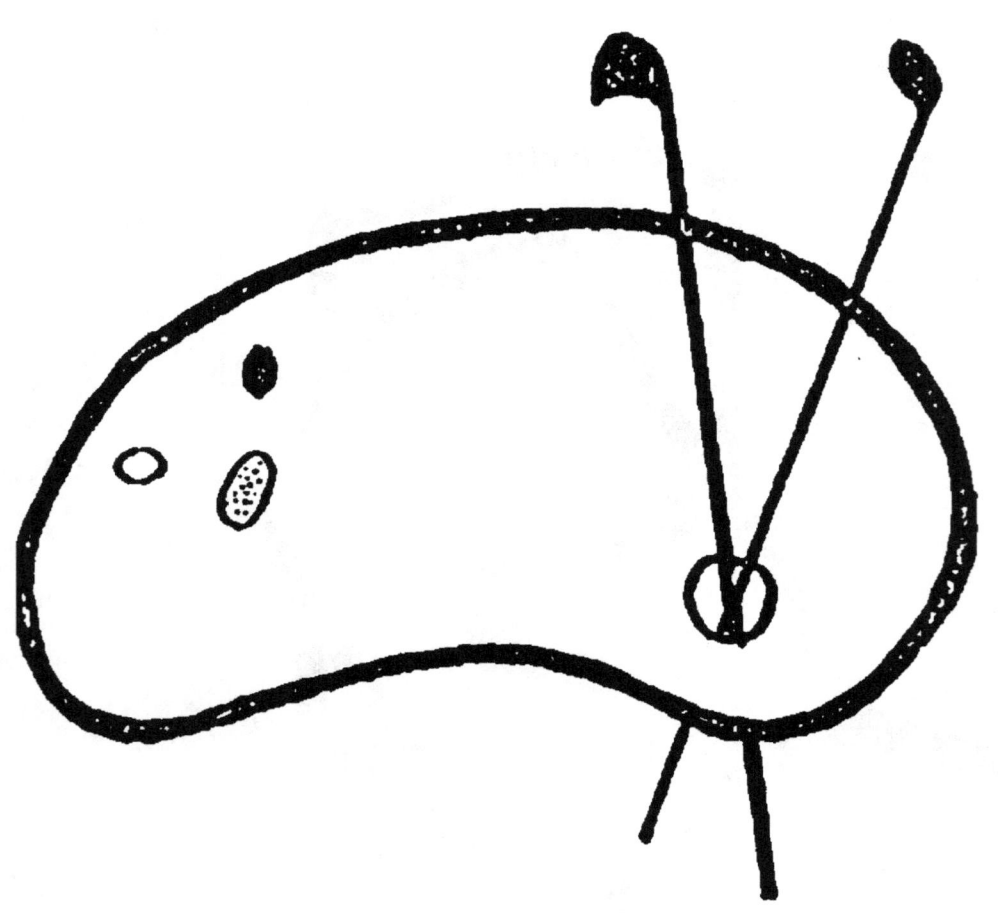

DEBUT D'UNE SERIE DE DOCUMENTS
EN COULEUR

MARSEILLE

ET LA

PROVENCE

SOMMAIRE

1° Canal de Suez
2° Les Grands Travaux de Marseille.
3° Les Associations commerciales et industrielles
4° Les Droits d'Octroi, la Savonnerie.
5° Les Arrivages de blé à Odessa.
6° Gyptis ou la fondation de Marseille.
7° Trios du Conservatoire.

MARSEILLE.
TYPOGRAPHIE ET LITHOGRAPHIE H. SEREN,
QUAI DE RIVE-NEUVE, 3.

1869

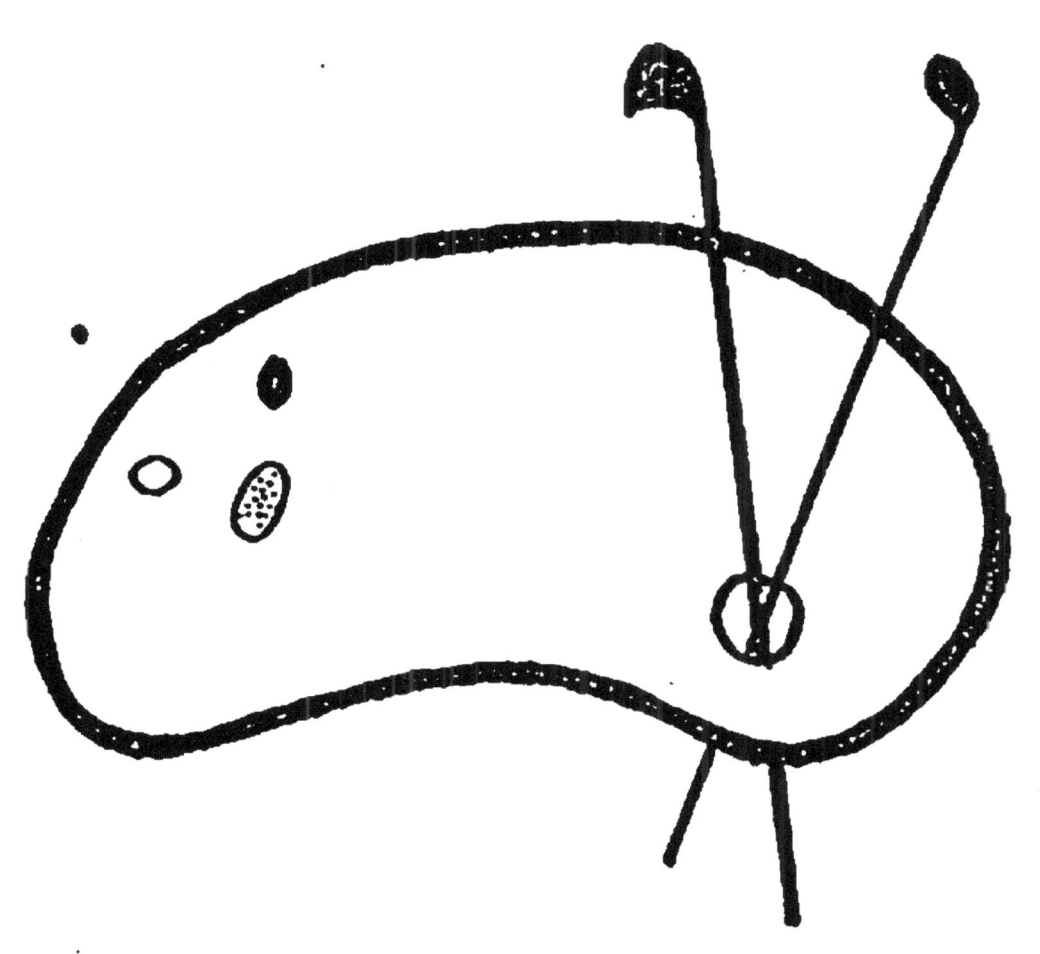

FIN D'UNE SERIE DE DOCUMENTS EN COULEUR

MARSEILLE

ET LA

PROVENCE

MARSEILLE
TYPOGRAPHIE ET LITHOGRAPHIE H. SEREN,
QUAI DE RIVE-NEUVE, 3.

1869

LE CANAL DE SUEZ

Le moment approche où la mer Rouge va mêler ses eaux à celles de la Méditerranée, qui a déjà pris possession des lacs amers. Cinq mois suffiront pour remplir ces lacs qui ont une étendue de trente lieues de tour, et qui communiquaient, dans les temps reculés, avec la Mer Rouge, comme l'attestent les bancs de sel qu'on y trouve.

Ces lacs seront donc remplis vers la fin d'Août, et le Canal devant être achevé dans le courant de Septembre, la navigation sera praticable dans les premiers jours d'Octobre, date solennelle, fixée par l'illustre promoteur de cette grande œuvre, l'événement le plus important depuis la découverte de l'Amérique.

On peut lire dans la septième livraison de l'*Avenir de Marseille et de la Provence*, le récit de la visite au Canal, du fils de S. A. R. le Pacha d'Égypte, qui avait confié son héritier à M. de Lesseps lui-même.

Nul doute qu'à son prochain passage à Marseille, M. de Lesseps ne reçoive les félicitations de tous ceux qui s'intéressent à cette métropole du Midi.

L. N.

LES GRANDS TRAVAUX DE MARSEILLE

Le moment approche où le commerce, l'industrie et l'agriculture de tous les pays vont se trouver en présence, par suite du nouvel état de choses que créera l'ouverture du canal de Suez.

De même que la découverte de l'Amérique déplaça la puissance des nations Européennes, en donnant la prépondérance aux états maritimes, ainsi le rapprochement du grand marché asiatique, conséquence du percement de l'Isthme, ne manquera pas d'amener une perturbation dans le courant commercial.

Il importe donc à l'industrie et au commerce marseillais de ne pas laisser dévier ce courant qui, depuis longtemps assure leurs relations avec l'extrême Orient. Il convient dèslorsque la métropole du midi répudie les traditions de ces hommes timides qui calculent toujours ce que coûteront quelques améliorations indispensables, avant de supputer les bénéfices assurés qui en résulteront.

Ce sont ces hommes qui se faisaient illusion sur l'avenir de Brindisi, qui, méprisant les tentatives de nos voisins, s'évertuaient à prouver que jamais le port de cette rivale de Marseille ne serait fréquenté par la marine marchande, comme si, avant la création des nouveaux ports, on avait soutenu que notre ville ne pourrait jamais être le point de départ des bâteaux des grandes compagnies maritimes.

Les Anglais et les Italiens constamment à la recherche des moyens de nuire à Marseille, s'entendent pour attirer l'attention du commerce sur les avantages du passage par Brindisi.

Ils n'ignorent pas que jusqu'après le percement du mont Cenis leurs efforts seront stériles; mais ils se préparent à l'avance pour ne pas être pris au dépourvu.

En vue de cet évènement, la ville de Cette emprunte trois millions pour être en mesure de lutter. Seule, Marseille se contentera-t-elle d'énumérer les dépenses qu'elle a faites pour s'élever à la position qu'on lui envie, et maintenant qu'il s'agit de maintenir cette haute position, devra-t-elle se borner à dresser le bilan des grands travaux qu'elle a exécutés?

L'avenir de Marseille et de la Provence n'a pas cessé de protester contre cette pusillanimité qu'on pourrait qualifier d'imprévoyance coupable.

Heureusement que le réveil de l'opinion publique se manifeste par la création d'une société qui, d'accord avec les corps constitués, se prépare à prendre en main les intérêts du commerce et de l'industrie, lesquels seraient compromis par cette inertie qui n'est plus de notre temps.

On comprend qu'une cité hésite de se lancer dans de grandes dépenses, quand ses ressources ordinaires sont épuisées; mais il est des cas où des sacrifices sont indispensables, et de même qu'une industrie qui a disposé de tout son avoir pour monter des ateliers, cherche des combinaisons pour les mettre en activité, ainsi Marseille qui a dépensé de grandes sommes pour s'embellir, ne doit pas s'arrêter pour compléter ce qu'elle a commencé. Dans la première livraison de *l'Avenir de Marseille et de la Provence*, nous avons dit : La grande cité du Midi, qui est appelée la façade de la France, sur l'Orient, a beaucoup fait pour répondre au rôle qui lui a été assigné, mais comme on dit, *noblesse oblige*, et ne lui reste-t-il pas quelque chose à faire pour compléter ses embellissements ?

La transformation de la colline de N.-D. de la Garde, laquelle se dresse dans une triste nudité au milieu des massifs de verdure qui l'entourent au loin, et dont le monument qui la couronne, peut être comparé à un diamant enchassé dans une monture de fer; la mise en état des chemins qui y conduisent; la rue Impériale qui va devenir la grande route des deux mondes, et qui demande pour être achevée, l'ouverture de la rue de l'Impératrice, laquelle assainirait la partie la plus sale de la ville ; l'Eglise des Réformés qui, sans sa façade, ne peut se montrer aux étrangers quand ils viendront visiter le palais des Arts, etc, etc, etc.

Voilà des travaux qui ne peuvent être exécutés qu'à l'aide des finances municipales; nous indiquerons prochainement les ressources qu'on pourrait trouver en dehors du budget communal.

Quand aux grandes questions des bassins de radoub, d'une gare maritime, de l'embranchement de l'Estaque, avec une route sur le littoral, elles sont l'objet des préoccupations de la Chambre de Commerce qui regarde dans l'avenir, et qui ne voit pas sans inquiétude les efforts des ennemis de Marseille.

Un homme aussi honorable qu'intelligent, dont le passage dans une grande compagnie peu prospère sera marqué par des résultats inespérés, nous disait avec raison, que si les charbons destinés à l'exportation, pouvaient arriver à Marseille avec moins de frais et avec plus de facilité pour l'embarquement, bien des navires, en quête de fret pour les colonies ou pour d'autres pays, viendraient charger dans notre port ; ne trouvant pas les approvisionnements nécessaires, ils s'en vont dans les ports d'Angleterre où ils sont assurés d'un chargement immédiat, à de meilleures conditions; il en est de même pour les navires, qui, ne rencontrant pas dans, notre port, de bassins de radoub libres, s'en vont, partout ailleurs, au grand détriment de notre commerce et de notre industrie.

Les bassins de radoub commencés depuis plusieurs années, sont pour ainsi dire abandonnés, par suite de l'insuffisance des crédits annuels ; en outre de la perspective qu'elle ouvrirait aux amateurs, obligés d'attendre que le tour de leurs bâtiments arrive, leur exécution offrirait une ressource aux nombreux ouvriers qui se trouvent actuellement sans travail.

On assure, nous ne pouvons l'affirmer, que la Compagnie des Doks a promis une subvention qu'elle ne verse pas. Qu'on s'entende ou qu'on s'explique à ce sujet ; que le commerce sache de quel côté vient l'obstacle ; en attendant, tout le monde souffre de cet état de choses. Le canal de St-Jean qui est un passage sûr, entre l'ancien et le nouveau port, et qui rendait des services dans les mauvais temps, sert maintenant de bassin de radoub. Les Anglais doivent concevoir une triste idée de nous, quand ils voient que nous transformons un bassin en canal qui manque à la circulation des navires.

Si les doléances de la Chambre de Commerce ne sont pas écoutées, si le Conseil Municipal trop occupé de ses discussions intérieures, n'élève pas la voix ; si le gouvernement, lui-même, ne peut vaincre l'inertie des intérêts privés, que l'association qui s'est fondée pour la défense du Commerce et de de l'Industrie, se mette de la partie ; que par la voix des membres qui la composent, elle demande qu'il soit mis un terme à toutes ces tergiversations, et alors l'administration départementale et la Chambre de Commerce, qui se préoccupent des intérêts de Marseille, ne manqueront pas d'être écoutées quand elles signaleront ce qui manque à son commerce et à son industrie.

L. N.

LES ASSOCIATIONS COMMERCIALES ET INDUSTRIELLES

La brochure qui, sous le titre, *Les Idées Nouvelles*, accompagnait la sixième livraison de l'*Avenir de Marseille et de la Provence*, annonçait qu'une association s'organisait pour défendre les intérêts de l'industrie et du commerce marseillais.

La Société vient d'être constituée par la nomination de la

Chambre syndicale, composée de 18 négociants et industriels recommandables sous tous les rapports.

En outre du but que se propose l'association et qui est suffisamment indiqué par son titre, elle accepte la mission d'aplanir les différents qui pourraient s'élever entre ses divers membres, et même entre ses membres et les personnes qui, lui étant étrangères, accepteraient sa juridiction amiable. (1)

N'est-ce pas un acheminement aux idées qui prévaudront un jour dans les conflits internationaux comme dans les discussions particulières, et qui feront déférer à des conférences ou à des arbitrages les dissentiments que les hommes d'épée et les hommes de loi sont appelés à trancher où à résoudre.

Fondé pour maintenir l'union des départements des Bouches-du-Rhône et du Var, à l'aide de laquelle ont été obtenues les voies ferrées que le pays réclamait avec tant d'énergie, *L'Avenir de Marseille et de la Provence*, en accordant toutes ses sympathies à l'association nouvelle, reste conséquent, car il trouvera de puissants auxiliaires dans les hommes honorables qui en feront partie.

L'auteur de l'article inséré dans les *Idées Nouvelles*, a émis le vœu que les commerçants et les industriels de toute la région provençale qui considère Marseille comme sa métropole, puissent faire partie de l'Association.

Nul doute que l'Assemblée générale ne se prononce favorablement sur cette proposition qui a pour but d'accroître l'influence de la nouvelle société.

Mais pour obtenir la prépondérance qui lui semble réservée, l'association ne doit pas s'occuper uniquement des intérêts particuliers du commerce, de l'industrie et de l'agriculture, il convient qu'elle songe aux intérêts généraux du peuple, lesquels sont solidaires entre eux.

Il est reconnu que lorsqu'il surgit une cause quelconque de perturbation, la prospérité générale s'en trouve affectée. C'est pourquoi l'association pour la défense du commerce et de l'industrie doit étendre sa sollicitude sur les questions dont se préoccupe l'opinion publique.

Au nombre de celles qui appellent l'attention des économistes, nous citerons la moralisation et l'instruction des classes laborieuses, lesquelles sont en contact permanent avec l'Industrie

---

(1) Nous apprenons que la Chambre syndicale sera saisie prochainement d'une question d'indemnité, par suite de dissolution de société.

et le Commerce.

C'est un devoir qui incombe à la Société d'apprendre aux déshérités de la fortune quels sont leurs droits et leurs devoirs, afin que dans leurs rapports avec ceux qui utilisent leurs services, ils apportent la modération et l'esprit de justice qui seuls entretiennent l'accord si désirable entre les diverses classes de la société.

Il est rare que l'homme qui parle à son semblable de conciliation et d'équité, ne partage pas les sentiments dont il prêche la nécessité. Aussi, sommes-nous persuadé qu'en s'efforçant d'instruire et de moraliser le travailleur, le patron lui donnera l'exemple, et par ce moyen les meilleurs rapports s'établiront entre le maître et l'ouvrier, au grand avantage de l'un et de l'autre.

En adoptant ces principes, en plaçant sur la même ligne les intérêts en vue desquels elle s'est créée, et les intérêts des classes laborieuses, l'association pour la défense du Commerce et de l'Industrie, s'élèvera sûrement à la hauteur d'une institution publique.

Marchant d'accord avec la Chambre de Commerce qu'elle est appelée à seconder, elle acquerra des droits à la reconnaissance du pays.

N. L.

Membre de l'Association

LES DROITS D'OCTROI

Le projet de loi soumis au Conseil d'État sur la franchise à l'entrée des villes, des matières et du combustible servant à l'industrie, appelle la sérieuse attention des municipalités et des industriels.

Personne ne se dissimule la difficulté de résoudre cette question, car d'un côté se dresssent les exigences du Budget Municipal, et de l'autre les justes réclamations de l'Industrie et du Commerce.

Dès maintenant, il convient de discuter les deux hypothèses qui se présentent : ou la loi sera exécutoire, et dès lors les finances municipales seront bien vite en désarroi, ou elle fixera un délai plus ou moins long avant que l'industrie puisse invoquer le bénéfice des nouvelles dispositions.

Il faut toujours examiner les moyens que l'on devra prendre pour équilibrer le budget. Cet examen anticipé aura le double but de rassurer les industriels qui supportent le poids de l'ancien état des choses, et de préparer les intérêts qui seront atteints par la répartition nouvelle des Droits d'Octroi.

Un danger qui n'est pas imminent est moins redoutable, et l'homme se familiarise avec l'idée du péril, lorsqu'il peut l'envisager de sang-froid. Du jour que les droits qui pèsent en ce moment sur les matières premières et sur les combustibles, auront été repartis sur d'autres objets imposables, les industries dégrevées donneront plus d'essor à leur production, à raison des avantages qu'ils auront en perspective, ou du moins elles se prépareront à élargir le cercle de leurs affaires ; quant aux industries qui pourraient recevoir une atteinte des charges qui leur seront imposées, elles auront le temps de calculer les moyens à prendre pour en neutraliser l'effet.

Le remplacement des droits existants peut être reparti sur des matières imposables et sur les quatre contributions, de telle sorte que quelques catégories de citoyens ne soient pas seules atteintes, mais que toutes y contribuent d'une manière peu sensible : ce serait un acte d'équité et de bonne politique.

Nous n'avons pas la prétention d'indiquer les matières qui peuvent être imposées, mais il en est qui sont désignées d'avance, en ce sens qu'elles ne causeraient aucune perturbation à l'industrie qui les emploient.

Il existe un Droit d'Octroi sur les bois de charpente ; or, depuis quelques temps, le fer remplace le bois dans la construction des planchers ; pourquoi n'étendrait-on pas sur les poutrelles de fer le droit que la ville perçoit sur les poutres de bois.

Ce ne serait pas une innovation, et l'industrie locale n'en souffrirait pas, puisque ce droit existait déjà.

Nous citons cet article entre plusieurs autres qui se prêteront à un droit d'Octroi sans un grave inconvénient.

Par ce temps de luttes commerciales, les charges qui pèsent sur les matières premières employées à la fabrication des produits destinés à l'exportation, constituent la plus grande anomalie. Lorsque chacun s'ingénie à trouver les moyens de produire à bon marché, par l'application des machines et des voies de communication, n'est-il pas absurde d'imposer d'un droit quelconque les mêmes produits?

C'est ce que comprennent tous les hommes intelligents qui signalent les funestes effets des charges municipales, quand elles pèsent sur les matières premières servant à l'industrie.

La savonnerie, qui en souffre le plus, a constamment protesté contre les droits qui la placent dans une condition d'infériorité vis à vis les fabriques qui s'élèvent dans l'intérieur de la France, et qui ont arrêté l'essor de cette grande industrie locale.

Nous avons parcouru des brochures dues à la plume de grands fabricants de savon, et nous invoquerons les arguments qu'ils font valoir, dans un travail que nous préparons au sujet des Droits d'Octroi qui surchargent cette industrie.

Ce n'est pas certainement l'égoïsme qui a dicté ces aperçus consciencieux. L'intérêt privé n'est pas assez puissant pour faire descendre des hommes honorables dans la lutte, et lorsque vous voyez tout un corps d'industriels s'élever énergiquemment contre un état de choses nuisible, c'est parce que le sentiment patriotique est là, et qu'il cherche à démontrer que si des intérêts privés sont en souffrance, les intérêts de toute une cité sont en jeu.

L. N.

LES ARRIVAGES DE BLÉ A ODESSA.

Ce qui fait surtout d'Odessa une ville importante, ce sont ses rapports avec l'agriculture de la Russie. Les districts dont elle tire ses chargements de blé sont situés à 150 ou 250 milles (environ 50 ou 70 lieues de distance. Ses greniers sont ses édifices les plus saillants; ils sont remarquables non-seulement par leur énorme extension, mais par le luxe de leur architecture. Quelques-uns sont construits de telle sorte qu'au premier abord, on les prendrait pour des clubs ou des musées.

Les céréales qui proviennent en grande partie des anciennes provinces polonaises sont transportées à Odessa sur de petits chariots d'une construction grossière et toute primitive. Chaque chariot, traîné par une paire de bœufs, renferme environ huit sacs de blé. Dans le temps de l'exportation, ces rustiques véhicules arrivent chaque jour par centaines à Odessa. Ce qu'ils contiennent est d'abord versé dans les greniers pour être ensuite conduit sur le port dans des voitures découvertes. On ne peut se faire une idée du spectacle que présente cette immense file de charettes roulant vers le quai, puis revenant dans une autre direction ; on dirait la rotation incessante d'un câble infini mis en mouvement par une mécanique.

Les deux principales espèces de grains qui s'entassent ainsi à Odessa sont le *kubanka* ou blé dur, et l'*azemaia* ou blé mou. Le premier s'exporte surtout dans les ports de la Méditerranée, dans le sud de la France, et en Italie où on l'emploit à faire du vermicelle, du macaroni et autres pâtes du même genre. Le dernier est celui que l'on préfère en Angleterre.

Outre ces provisions de blé qui arrivent à Odessa de la province polonaise désignée généralement sous le nom de Polodie, de 80 et quelquefois 120 lieues de distance, il en vient aussi par le Danube une assez grande quantité de la Valachie et de la Moldavie. Celui-ci, qui est empilé dans les navires découverts, est souvent, dans le cours de son trajet, altéré par l'humidité. Enfin il en vient aussi de Cherson et des terrains qui l'avoisinent, mais ces derniers transports ne sont pas à beaucoup près aussi considérables que ceux qui s'opèrent par les charrettes. Et il faut voir à quelles fatigues sont condamnés les pauvres paysans qui conduisent ces charrettes sur un sol tantôt fangeux, tantôt desséché, où l'on n'a pas la moindre notion du macadan. Pénétrons dans cette steppe qui entoure la côte comme une ceinture. Aussi loin que le regard peut s'étendre, il ne verra qu'une terre bronzée et brûlée par le soleil; çà et là, sur la vaste plaine, s'élèvent de petites collines arides, raboteuses, qui dans le temps des pluie, augmentent encore les difficultés du trajet. Devant nous est ce qu'on appelle ici une route, c'est-à-dire une longue ligne sur laquelle on a rangé tant bien que mal des poutres mal arrondies qui crient, roulent ou s'affaissent sous la lourde charrette qui les traverse. Le conducteur est assis sur le devant de son wagon, fouettant de temps à autre ses bœufs gris, plutôt pour se distraire que pour accélérer leur marche. Sur sa poitrine tombe sa longue barbe, et entre ses genoux, sous son visage, est un vase d'où s'exhale une odeur qui ne ressemble point à celle de l'encens. C'est le vase qui renferme l'espèce de goudron dont il a besoin pour graisser les roues de sa voiture, et probablement qu'il le tient ainsi sous son nez pour ne point oublier une précaution sans laquelle ses essieux en bois seraient bientôt enflammés.

Que si nous rentrons dans cette même steppe en temps de pluies, c'est un tableau bien autrement triste. En quelques jours la plaine ressemble a un marais, le pied des collines est comme un étang. Les charettes se traînent péniblement dans des amas de boue et quelquefois y laissent leurs roues. Mais le Russe est tenace dans ses entreprises ; il prie, mais il travaille, *orat et laborat*, et le chariot balloté, ébranlé, disloqué, finit tôt ou tard par arriver à Odessa. Le voiturier en est quitte pour une perte de temps, ce dont il se soucie peu. Dans les circonstances les plus favorables, il ne fait guère, avec sa charette de blé, plus de 3 lieues par jour. Pour ceux qui viennent de 120 lieues c'est donc un trajet de plus d'un mois.

Les uns, après avoir livré leur blé aux marchands d'Odessa, vendent leur charrette, leur attelage et s'en retournent à pied avec leur argent dans leur poche. D'autres en regagnant leur lointaine demeure récoltent chemin faisant l'herbe qui a poussé dans la zone fertile de la steppe, et après avoir nourri gratuitement leurs bestiaux, ramènent encore dans leur grange une provision de foin.

X. M.

(*Magasin illustré*).

GYPTIS
OU LA FONDATION DE MARSEILLE

Comme Rome, Marseille doit beaucoup aux femmes ; elle est pour ainsi dire née de l'amour d'une jeune Ligurienne pour le beau Protis, et quelques années plus tard le même sentiment, dans le cœur d'une autre femme, fut la cause du salut de la ville naissante.

On ne lira pas sans intérêt les quelques lignes suivantes qu'à bien voulu nous donner un géographe étranger dont le nom est familier à tous les érudits de l'Europe.

A. Gueydon.

Quoique romanesque, l'aventure de Gyptis ou Petta mérite de vivre dans le souvenir ; à bien dire Gyptis est la mère de Marseille.

Sur les rivages de l'Asie fleurissait une ville grecque, Phocée, commerçante et riche. Ses navires parcouraient les côtes de l'Italie et de l'Espagne jusqu'à l'Océan. Par le trafic, les Phocéens jouissaient de l'amitié de Rome, des Liguriens des Tartessiens (à l'embouchure du Guadalquivir). Profitant de leur bonne intelligence commerciale avec des peuples aussi différents, ils entreprirent de fonder un comptoir, un emporion, sur les rivages des Liguriens, qui tenaient alors les environs du Bas-Rhône. Une expédition préparée à cet effet, conduite par Simos et Protis, s'arrêta, 600 ans ans avant l'ère chrétienne, chez les Segobriques. Nannus, chef ou roi de ce peuple, reçut les Phocéens amicalement.

Ce jour-là même, Nannus allait célébrer le mariage de sa fille Gyptis; occupé des préparatifs de la fête, il invita au festin les hôtes venus de la Grèce asiatique. Suivant la coutume du pays, les prétendants à la main de celle qui devait choisir son époux, se réunirent dans la salle des noces. Gyptis introduite, prenant la coupe d'eau, soit par l'inspiration de son père, soit par sa propre inclination, la présenta à Protis qui l'accepta. L'alliance fut déclarée. Nannus assigna aux Phocéens un port commode et leur concéda un terrain où ils s'empressèrent d'élever, sur une langue de terre, les autels et les simulacres de leur culte, de construire leur habitations et des magasins pour déposer leurs marchandises.

Au nombre des aspirants trompés dans leurs espérances se trouvait un petit souverain ligure, qualifié chez les grecs du sobriquet d'Eurymédon, c'est-à-dire, seigneur à la domination large, qui ne sut pas calmer son ressentiment. Après la mort de Nannus, il représenta sans cesse à son fils et successeur, Comanus, qu'un jour l'établissement des Grecs, serait fatal à tous les voisins. Il rappelait la fable de la chienne qui, étant pleine, pria un berger de lui prêter un coin de sa hutte pour y déposer ses petits. Après l'avoir obtenu, elle le conjura de prolonger la permission, afin de pouvoir les y élever; mais quand ils furent devenus grands, se prévalant de leur force, elle s'appropria par violence ce lieu d'emprunt. Or, concluait Eurymédon, il est du droit de Comanus, pour son propre salut, de détruire l'établissement à son point de départ.

Comanus, sans égard pour sa sœur, se décida à faire massacrer les Phocéens dans un guet-apens. Il envoya des gens d'exécution, en qualité d'amis, comme pour assister à la solennité des jeux floraux, fit introduire dans l'enceinte du campement de la colonie une quantité d'autres dans des chariots couverts de joncs et de feuilles ; lui-même se porta sur les montagnes voisines, attendant que les siens lui ouvrissent les portes.

Ces machinations furent heureusement déjouées. Une parente de Gyptis, voulant sauver un jeune Grec son amant, lui en fit confidence, le conjurant d'éviter le péril ; celle-ci courut en avertir les magistrats. Les Liguriens qui se trouvaient dans l'enceinte furent arrêtés, et ceux qui étaient cachés sous les joncs furent égorgés. On dressa des embûches à Comanus qui périt avec sept mille de ses gens.

Les phocéens apprirent, par quelques prisonniers d'importance, qu'Eurymédon était la cause des malheurs de Comanus. Ce même Eurymédon envenima la jalousie de tous leurs voisins et fut la cause de vifs et sanglants engagements avec les Ligures. Enfin les Phocéens finirent par s'emparer de sa personne par surprise et le firent mourir de faim dans une tour qui a longtemps porté son nom dans la cité.

La colonie marchande se transforma bientôt en ville qui prit le nom de Massilia. La bonne épouse Gyptis était appelée par les Grecs Aristoxéné, ce qui veut dire excellente étrangère ou voisine. Elle avait pour descendants les Protides, et l'on qualifiait tous les Massiliens de Protides, comme descendants de la bonne mère Aristoxéné.

La Grèce connaissait ces événements aussi bien que tous les voisins de Marseille. La relation qu'en donnait Aristotélès s'accorde parfaitement avec celle de Vocontien Trogue ; il n'y a rien de fabuleux, et les différences insignifiantes des narrateurs n'enlèvent rien à la vérité du fond.

Gyptis fut une Aristoxéné pour les Massiliens, et la cité massilienne fut une Aristoxéné pour la Gaule

Almanach de Provence.

JOACHIN LELEWEL.

SÉANCE DE TRIO AU CONSERVATOIRE

Les séances de trios de MM. Thurner, Tolbecque et Graff ont commencé cette année le 27 février, dans la Salle du Conservatoire.

Le but de ces réunions, est d'abord de faire entendre aux amateurs marseillais, la musique des maîtres dont le nom seul commande le respect et l'admiration et aussi de soumettre des œuvres nouvelles à leur appréciation.

La première séance avait été consacrée à l'audition d'un trio de Hümmel, d'une sonate piano et violoncelle de Mendelsohn, et du trio en si bémol de Beethoven.

La séance du samedi 8 mars était inaugurée par un trio de Fanny Hensel, née Mendelsohn; trio remarquable par la facture de son premier morceau que Mendelsohn eût signé, et par le délicieux lieder qui remplace l'andante.

Nous avons, ensuite, entendu la sonate de Beethoven dédiée à Kreutzer, qui est bien la plus vaste, la plus splendide composition du maître des maîtres; et la séance a été clôturée par le trio de Rubinstein.

Il faut savoir gré à MM. Thurner, Tolbecque et Graff de n'avoir pas craint ces rapprochements et de nous familliariser avec les œuvres des Rubinstein, des Schumann, des Reber, des Fanny Hensel; en nous faisant connaître les beautés de ces divers genres, ils nous permettent de les comparer entr'eux et de les mieux juger.

Avez-vous admiré avec nous, cette magnifique phrase de violoncelle qui se développe dans le premier morceau du trio de Fanny Hensel? M. Tolbecque nous l'a dite avec cette ampleur de son et avec cette correction qui lui sont propres. Après le trio de Fanny Hensel, les premiers accords de violon, de la sonate dédiée à Kreutzer, se sont fait entendre, et nous nous hâtons de le dire, l'exécution en a été satisfaisante. Nous nous plaisons à rendre justice à la fougue, au style déployés par MM. Thurner et Graff, qui ont déterminé les applaudissements les plus chaleureux. Cependant nous eussions peut-être demandé un peu plus d'ensemble dans le final.

Applaudissons, sans réserve, l'entrain, la furia avec lesquels M. Thurner a fait ressortir ce magnifique chant en mi mineur qui revient en la mineur à la seconde reprise, et qui est une des plus belles conceptions du génie de Beethoven, un des monuments de la musique classique; ne négligeons pas, non plus, de rendre justice à la perfection de ses trilles, à la seconde partie du premier morceau, dans le fameux passage modulé que tout le monde admire.

M. Thurner s'est montré dans cette exécution digne du

maître qu'il interprétait; mais, le trio de Rubinstein qui terminait la séance, a été, peut-être, le morceau dans lequel il a eu le plus d'inspiration; il s'y est surpassé.

Quels arpèges difficiles ! Quels écarts ! Quels accompagnements en accords plaqués impossibles ! Et avec cela quelle justesse ? Quelle vigueur ! Quel entrain il a su déployer.

La première partie de ce trio a été très goûtée, cependant nous croyons que le public lui a préféré l'admirable andante, dont la suavité, les douces mélodies l'ont transporté. Le scherzo et le final ont été applaudis à outrance.

Nous ne craignons pas de l'affirmer, aucun de ceux qui ont entendu ce trio, n'osera plus désormais prononcer qu'avec respect, qu'avec une admiration profonde et émue le nom de Rubinstein, très-peu connu jusqu'à ce jour, car cette œuvre ne peut manquer de laisser de longs et précieux souvenirs. Remercions ces messieurs de nous avoir initiés à cette musique.

Dans notre prochain article nous rendrons compte de la séance du samedi 13 courant. Le succès inouï obtenu par le concerto en mi bémol exécuté par M. Thurner avec accompagnement de double quatuor et orgue, nous force à apporter dans notre appréciation encore plus d'étude et de réflexion; heureux si nous pouvons rendre à l'œuvre et à l'artiste un jugement en rapport avec l'impression du public.

A.

Mars 1869.

Marseille. — Typ. et Lith. H. SEREN, quai de Rive-Neuve, 3.

www.ingramcontent.com/pod-product-compliance
Lightning Source LLC
Chambersburg PA
CBHW061959070426
42450CB00009BB/2122